글 조약돌

창의적인 아이디어와 흥미로운 이야기를 만들어 내기 위해 다양한 분야에서 활동하고 있습니다. 이 책을 읽는 어린이들에게 꿈과 희망을 전달하고 싶은 마음을 담아 〈who? 스페셜 아이브〉의 글을 썼습니다.

그림 백재이

독자들에게 즐거움과 감동을 주고자 다양한 웹툰과 웹소설을 그리고 썼습니다. 여러 플랫폼에서 연재를 마치고, 지금은 아이들을 위한 학습 만화를 그리고 있습니다.

다산어린이 공식 카페

책을 더 재미있게, 책을 더 오래 기억하는 방법
다산어린이 공식 카페에는 다양한 독서 활동 자료가 있습니다.
자료를 활용하여 아이들의 독서 흥미를 더욱 키워 주세요.

who?
special

IVE
아이브

글 조약돌
그림 백재이

다산
어린이

존 던컨 John B. Duncan
미국 UCLA 아시아언어문화학부 교수
한국학 분야의 세계적인 석학으로
미국 UCLA 한국학 연구소 소장 및
동 대학의 아시아언어문화학부 교수를
겸직하고 있습니다.

자신만의 멘토를
만날 수 있는 who? 시리즈

다산어린이의 《who?》 시리즈는 어린이들은 물론 어른들에게도 재미와 감동을 주는 교양 만화입니다. 《who?》 시리즈는 전 세계 인류에 영향력을 끼친 인물들로 구성되었으며 인물들의 삶과 사상을 객관적으로 전해 줍니다.

이처럼 다양한 나라와 분야에서 활약한 위인들의 이야기를 통해 과학, 예술, 정치, 사상에 관한 정보는 물론이고, 나라별 문화와 역사까지 배우게 될 것입니다. 《who?》 시리즈의 가장 큰 장점은 위인들이 그들의 삶에서 겪은 기쁨과 슬픔, 좌절과 시련, 감동을 어린이들이 함께 느낄 수 있다는 것입니다. 어린이들은 이 책을 읽으면서 폭넓은 감수성을 함양하게 됩니다.

《who?》 시리즈의 어린이 독자들이 책 속의 위인들을 통해 자신만의 멘토를 만나 미래의 세계적인 리더로 성장하기를 진심으로 응원합니다.

에드워드 슐츠 Edward J. Shultz
하와이 주립 대학교 언어학부 교수

하와이 주립 대학교 언어학부 교수인
에드워드 슐츠는 동 대학의 한국학센터
한국학 편집장을 역임한 세계적인
석학입니다.

세상을 더 나은 곳으로
만든 사람들의 이야기

어린이들은 자라면서 수많은 궁금증을 가지게 됩니다. 그중에서도 "저 사람은 누굴까?"
라는 질문은 종종 아이들의 머릿속을 온통 지배해 버리기도 합니다. 다산어린이에서
출간된 《who?》 시리즈는 그런 궁금증을 해결해 주기 위해 지구촌 다양한 분야의 리
더들을 소개하고 있습니다.

《who?》 시리즈에 등장하는 인물들은 인종과 성별을 넘어 세상을 더 나은 곳으로 만
든 사람들입니다. 어린이들은 이 책에서 디지털 아이콘으로 불리는 스티브 잡스는 물
론 니콜라 테슬라와 같은 천재 발명가를 만날 수 있습니다.

책 속 주인공들의 어린 시절 이야기를 통해 기쁨과 슬픔,
도전과 성취감을 함께 맛보고, 그들과 함께 성장하면서
스스로 창조적이고 인류에 도움이 되는 사람이
되겠다는 포부와 자신감을 갖게 될 것입니다.
《who?》 시리즈 속에서 다채롭고 생동감 넘치는
위인들의 이야기를 만나 보세요.

차례

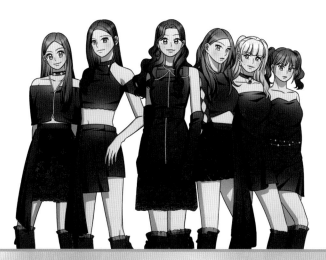

2023년 10월 7일,
아이브의 단독 콘서트가 열렸습니다.
데뷔 후 첫 번째 콘서트였기에 팬들의
기대가 무척이나 컸습니다.

이제 곧
시작하겠습니다.

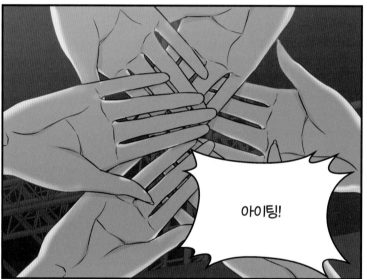

아이팅!

와아아ー!

유진 언니!

원영 언니!

아이브는 첫 번째 콘서트에서 흔들림 없는 라이브와 다채로운 퍼포먼스를 선보였습니다. 이번 공연을 통해 아이브라는 그룹을 전 세계로 널리 알릴 수 있는 계기가 만들어졌지요.

데뷔 이후 <ELEVEN>, <LOVE DIVE>, <After LIKE> 등 발표하는 모든 앨범을 연이어 성공시키며 4세대 대표 아이돌로 자리매김 한 아이브. 화려한 모습 속에 감춰진 아이브의 이야기, 지금 시작합니다.

1장

꿈을 향한 여정

가을 & 레이

> "
> 자신 있게
> 내가 가진 것을 모두
> 보여 주는 거야!
> "

안녕.
내 이름은 김가을이라고 해.
난 가을에 태어나서
이름이 가을이야.
내 취미는 춤과 노래고,
댄스부에서 활동하고 있어.

쟤가 그 유명한
댄스부 가을이구나.

내 꿈은 가수야!
노래와 춤으로 사람들을
행복하게 하고 싶어.

저번에 댄스부
연습하는 거 봤는데,
가을이만 보이더라.

14

대회가 얼마 안 남았는데 지금처럼 군무가 안 맞으면 어떡해.

요즘 학원 가느라 연습이 조금 부족했어요. 그 부분 더 연습하겠습니다.

대회가 얼마 안 남았으니 조금만 더 힘내자.

앗차

연습실에 지갑 두고 왔다. 얼른 다녀올게. 너희 먼저 가고 있어!

소화전

어? 연습 끝났는데 누구지?

쿵

후배들에게 더 쉽게 알려 주려면 내가 더 잘해야 해.

쿵

15

조금 더 잘할 수 있었는데.

안녕하세요. 전 스타쉽엔터테인먼트 캐스팅 담당자예요.

춤 너무 잘 봤어요. 이참에 오디션 보러 올 생각 없나요?

오디션이요?

네, 부담 갖진 말아요.

내가 오디션을…?

내가 아이돌이 될 수 있을까?

화려한 무대에서 노래하고 춤추는…?

빌 떡

그래, 결심했어!

벌 떡

엄마, 아빠! 나 오디션 볼래요!

뭐? 그럼 가수가 되겠다는 거야?

안 돼. 너 가수가 얼마나 힘든 직업인지 알아?

네! 대회 나갔다가 오디션 제안 받았는데, 한번 도전해 보고 싶어요.

화려하고 멋진 모습만 봐서 좋아 보이겠지만 난 반대야.

19

그래, 오디션을 볼 수야 있지만, 만약 오디션에서 떨어지면? 설령 합격한다 해도 데뷔까지 가는 과정도 무척 힘들 테고.

치, 알겠어요. 조금 더 고민해 볼게요.

그렇다고 포기한 건 아니에요.

팡

며칠 뒤

알아보니 우리 가을이가 대회에서 상도 타고 눈에 띌 정도로 춤과 노래 실력이 좋대요.

흠...

다녀왔습니다.

잠깐 이리 와 봐라.

정 그렇게 원한다면 도전해 봐. 대신 어떤 결과가 나와도 슬퍼하지 않기다.

신싸쇼? 저 열심히 해 볼게요!

우리 가을이 잘하겠죠?

그럼 우리 가을인데!

타다닥

스타쉽엔터테인먼트 오디션장

안녕하세요. 저는 김가을이라고 합니다. 준비한 춤 보여 드리겠습니다.

엄마, 저 오디션 합격했어요!

2017년, 부모님의 반대에도 꿈을 키워 가던 가을은 연습생 생활을 시작하게 되었습니다.

2014년, 일본 나고야

저기, 학생!

와들짝

으아아앙~

왜, 왜 우니!

훌쩍

울면서
들어오는 걸 보니
또 모르는 사람이
말을 걸었나 보네.

레이는 어릴 때부터 모르는 사람이
말을 걸면 울어 버릴 정도로 낯을 심
하게 가리는 조용한 성격이었습니다.

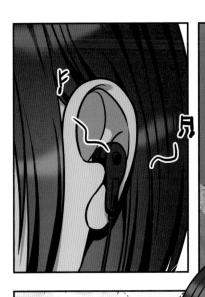

언니, 뭐 해?

노래 듣지.
나 요즘 케이팝에
빠졌잖아.

너도 들어 볼래?

진짜 좋다.
케이팝
내 취향인데?

언니의 영향으로 K-POP에 대해 알게
된 레이는 언제나 K-POP을 흥얼거릴
정도로 K-POP에 푹 빠졌습니다.

흥얼

흥얼

내가 제일 좋아하는 건
아무래도 그림이지.
그림 그릴 때 제일
즐거우니까.

아니면 케이팝?
노래를 듣는 것도,
부르는 것도 모두
좋아하니까.

아휴, 어려워.

지금 당장 급한 것도
아닌데 뭐,
천천히 생각해 보자!

풀
썩

레이의 고민은 날이 갈수록
깊어져만 갔습니다.

26

이 오디션 참가해 보는 게 어때?

잠깐만, 오디션 날짜가 얼마 안 남았잖아! 미리 준비도 안 하고 어떻게 참가해!

기회는 올 때 잡는 거야. 이번 오디션 규모도 꽤 크고, 케이팝을 좋아하는 너에게 딱이야.

내가 잘할 수 있을까?

하지만 언니 말이 맞아. 기회는 두 번 다시 오지 않을지도 몰라.

짧은 시간이었지만 레이는 최선을 다해 오디션을 준비했습니다.

로엔 프렌즈 글로벌 오디션 날

다들 멋지다.
난 준비도 많이
못했는데….

레이야,
많이 떨리지?

네, 다들 준비를
많이 해 온 것 같은데.
전 아직 모든 면에서
부족한 것 같아요.

다른 사람과
비교하지 마.

틀려도 자신 있게,
네가 가장 잘하는 것을
보여 주면 되는 거야!

응, 자신 있게
잘하고 올게요!

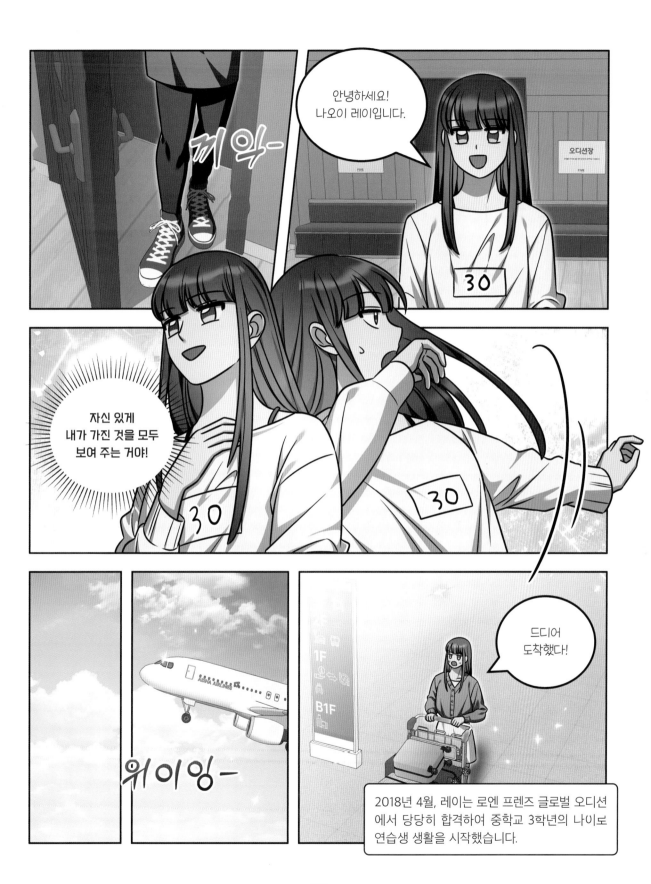

통합 지식 플러스 ▼

4세대 대표
아이돌, 아이브

2021년 12월 1일, 대중음악계의
판도를 바꿀 아이돌이 등장했어요.
대한민국을 넘어 세계로 뻗어 가는 아이브,
우리의 가슴을 뛰게 하는 아이브에 대해
알아보아요.

 ## 하나 육각형 아이돌

2021년 12월 1일 스타쉽엔터테인먼트에서 데뷔한 아이브는 일본인 1명과 한국인 5명으로 구성된 다국적 걸그룹이에요. 프로그램 <프로듀스 48>에 출연해 아이즈원으로 데뷔했던 안유진과 장원영을 주축으로 네 명의 새로운 멤버가 더해 아이브가 완성됐어요.

아이즈원 출신 안유진과 장원영의 인지도와 화제성은 아이브를 화려한 데뷔로 이끌었어요. 대중에게 얼굴을 각인시키는 것조차 쉽지 않은 아이돌 시장에서 두 멤버의 역할은 상당했지요. 게다가 각기 다른 매력의 비주얼과 탄탄한 실력을 갖춘 멤버들은 데뷔와 동시에 인지도를 갖고 있던 두 멤버 못지않게 주목을 받았어요. 데뷔 무대부터 이들이 출연하는 각종 음악 방송과 예능은 늘 화제의 중심에 섰을 정도였어요. 아이브가 빠르게 4세대 아이돌을 대표하는 그룹으로 성공할 수 있었던 건 멤버들의 노력이 있기에 가능했지요.

이미 많은 팬을 확보한 두 멤버가 있다는 건 장점도 있지만, 단점도 있어요. 무대 경험을 쌓은 멤버들과 그렇지 않은 멤버들 간의 경험 차이가 존재하기 때문이에요. 하지만 멤버들은 오로지 데뷔와 무대만을 생각하며 연습을 게을리 하지 않았어요. 그 결과 뭐 하나 빠지지 않는 육각형 아이돌이자 완성형 아이돌 아이브가 탄생할 수 있었지요.

둘 독보적 콘셉트

그룹명 아이브(IVE)는 'I HAVE'의 축약형인 'I'VE'에서 유래됐어요. 가진 것들을 모두 보여 주겠다는 포부가 담겨 있지요. 아이브의 콘셉트와 포부는 앨범 타이틀곡에서 찾아볼 수 있어요. 보컬과 멜로디의 비중이 높은 음악에 자기애라는 콘셉트를 녹여 트렌디한 음악을 완성했어요. 특히나 싱글 2집 타이틀곡인 'LOVE DIVE'는 자기 자신을 사랑하게 된 화자를 표현하여 대중들에게 차별화된 콘셉트로 눈도장을 찍었어요.

이처럼 10대의 가장 큰 관심사이자 추구하는 바인 '자기애'와 '자신감'을 다채로운 음악과 퍼포먼스로 표현하며 빠르게 팬덤을 형성해 나갔지요.

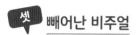

빼어난 비주얼

소속사에서 비주얼을 내세운 그룹인만큼 아이브 멤버들은 모두 뛰어난 외모를 자랑해요. 멤버들 모두 개성 있고 매력적인 외모로 데뷔 전부터 많은 주목을 받았어요.

또한 아이브는 K-POP을 대표하는 장신 아이돌로 유명해요. 멤버들 평균 신장은 169.3cm로 이서와 가을을 제외하고 모두 170cm를 넘어 장신돌이라고도 불려요.

멜론 뮤직 어워드에 참석한 아이브

넷 발전하는 실력

아이브 멤버들은 모두 특별하고 매력적인 음색으로 곡의 분위기를 잘 살린다는 장점을 가지고 있어요. 메인 보컬 역할은 주로 안유진과 리즈가 소화해요. 특히나 두 사람이 부르는 고음은 듣기 편안하고 맑은 톤이라 많은 팬들이 좋아하는 부분이기도 하지요. 아이브는 원래 보컬 실력으론 크게 이목을 끌지 못했으나 최근 한 단계 성장한 라이브 실력을 선보이며 많은 호평을 받았어요. 월드 투어를 기점으로 멤버 전원이 기존보다 발전된 모습을 뽐냈고, 최근 열린 롤라팔루자 공연에서 11곡을 춤과 함께 모두 소화해 실력을 인증했어요.

또한 아이브는 멤버 전원이 춤선이 아름다워 군무가 잘 어울린다는 평을 받고 있어요.

멤버들이 모두 매번 최고의 무대를 선보이기 위해 노력한다는 것을 알기에 아이브가 앞으로 어떤 음악으로 돌아올지 기대하는 팬들이 많아요.

2장

꿈을 향한 여정

이서 & 리즈

> 휩쓸리지 말자!
>
> 어떤 상황에도 흔들리지 말자!

2016년 2월, 피아노 콩쿠르

짝 짝짝 ㅡ

다음 이현서 양,
무대 올라갈
준비하세요!

엄마,
다녀올게요!

실수 없이
잘 끝내서 다행이다.

현서야,
고생 많았어.

떨렸는데,
그래도 실수
안 했어요!

저기,
이현서 양!

저요?

안녕하세요.
전 SM엔터테인먼트
키즈 모델 캐스팅
담당자입니다.

저희가 찾고 있는
분위기와 현서 양이
딱 맞아 떨어져서요.

괜찮으시면 저희
키즈 모델 오디션에
참가해 주실 수
있을까요?

그렇지만
우리 현서는….

엄마, 저
해 볼래요!
하고 싶어요.

현서야…

SM 키즈 모델 오디션 날

현서야,
이번 오디션 경쟁률이
400:1이래.

그래요?

넌 긴장도
안 되니?

끄덕   끄덕

하나도?

끄덕 끄덕

오~ 지금 포즈 좋아요!

이서는 400:1이라는 높은 경쟁률을 뚫고 오디션에 합격하여 SM 1기 키즈 모델로 활동하게 되었습니다.

2019년, 어느 날

현서야, 이거 너한테 잘 어울릴 것 같은데.

현서야, 이것도 너한테 잘 어울릴 것 같은데!

아휴, 힘들다.

아직 더 둘러볼 게 남은 거예요? 지금도 충분히 많이 산 것 같은데.

아빠, 목마르시죠?
제가 음료수라도
사 올게요.

괜찮은데….

뼁~

타다다..

어, 저 친구
눈빛이 좋은데?

HBRMÈS
PARIS

자판기를
어디서 봤더라.

두리번

누가 나를
지켜보는 것 같아.

그래도 한번 해 보고 싶어요.

키즈 모델 활동은 괜찮았지만, 아이돌이 되면 그보다 더 힘들 텐데.

네가 원한다면 엄마도 찬성이지만.

넌 아직 연습생 생활을 하기엔 너무 어려.

꿈을 찾아가는 과정이라 생각하고 한 번만 더 저를 믿어 주세요.

그럼 무리하지 않는 선에서 네 꿈을 펼쳐 봐.

이서는 캐스팅이 되자마자 스타쉽엔터테인먼트에서 연습생 생활을 시작하게 되었습니다.

2012년, 제주도

김지원!
방 치우라니까
안 하고 어디 갔냐!

지, 지금 가요!

분명 어제도
청소한 것 같은데,
금세 어질러졌네.

할머니,
청소 다했어요.

빼꼼

우아,
맛있는 냄새!

콩콩

청소 다했음
와서 앉아.
밥 먹어라.

할머니!
콩나물 반찬이 없잖아요.
제가 얼마나 콩나물을
좋아하는지 아시면서!

사다 놓은 콩나물을
네가 매일매일 먹어 치우니
남는 게 있어야지!
내일은 꼭 해 줄 테니
그냥 먹어라.

치, 내일은
꼭 콩나물 반찬
해 주시는 거예요.

다음 날

다녀왔습니다.

끼익

우아!

역시 할머니
짱!

43

피아노를 좋아하던 제주 소녀 리즈는
피아니스트를 꿈꾸고 있었습니다.

지원아, 넌 피아노도 잘 치면서 노래까지 잘하는구나!

아직 많이 부족한데요. 그렇게 봐 주셔서 감사합니다.

지원아, 네 목소리 녹음해서 듣고 싶을 정도야!

맞아, 아이돌 같은 거 해 보는 건 어때?

아이돌?

45

2017년, 어느 날

오늘 수업은 여기까지, 지원이는 잠깐 남아.

끼가 많았던 리즈는 아이돌을 꿈꾸며 트레이닝을 받을 수 있는 학원에 다니기 시작했습니다.

부르셨어요?

지원이 요즘 연습을 많이 하는지 실력이 많이 늘었더라.

다른 건 아니고 이번에 태연 뮤직비디오 아역을 찾고 있는데, 거기에 널 출연시키려고 해.

정말요?

그럼, 너라면 잘할 거야. 따로 준비할 건 없고 일정 나오면 알려 줄게. 오늘도 연습하느라 고생 많았다.

태연 뮤직비디오 촬영 날

오랫동안
태연 언니 팬이었는데,
이렇게 만날 기회가
생기다니. 엄청 떨린다.

휩쓸리지 말자!
어떤 상황에도
흔들리지 말자!

태연 뮤직비디오 촬영 현장

리즈는 우연한 기회로 태연의 첫 겨울 앨범
뮤직비디오 아역으로 출연하게 되었습니다.

초롱

초롱

!

언니,
팬이에요.

47

그 좋은 기회에
고작 한다는 말이
'팬이에요' 라니···.

태연 언니 같은
아이돌이 되고 싶다.

얼마 뒤

STARSHIP X pepsi.
SUMMER AUDITON
스타쉽 X 펩시 여름 공개 오디션

SEOUL
MUSIC
FESTIVAL

20XX. 09.

어?

STARSHIP X pepsi.
SUMMER AUDITON
스타쉽 X 펩시 여름 공개 오디션

오디션 홍보
영상도 있네.

우아,
예쁘다···.

스타쉽 X 펩시 여름 공개 오디션 날

김지원 양, 노래가….

아주 최고였어요.
노래와 비주얼 모두
오늘 본 참가자들 중에서
제일 압도적이에요.

꿀꺽

감사합니다!

드르륵

이제 서울 생활
시작이구나!

스타쉽 X 펩시 여름 공개 오디션에서
극찬을 받은 리즈는 본격적인 연습생
생활을 시작하게 되었습니다.

통합 지식 플러스② ▼

아이돌
연습생 시스템

많은 이들의 선망의 대상이 되는 아이돌.
아이돌로 데뷔하기 위해선 회사에서 정한
연습생 시스템을 거쳐야 해요.
연습생이 되어 아이돌로 데뷔하기까지
과정에 대해 알아보아요.

하나 캐스팅과 오디션

캐스팅은 연예 기획사에서 일반인 가운데 특별한 재능을 가진 사람을 발탁하는 것을 말해요. 아이돌의 경우 댄스 대회, 보컬 대회 등 끼를 발산할 수 있는 대회는 물론 학교 축제 등에 소속사 캐스팅 담당자가 직접 가 아이돌의 재목이 될 인재를 찾아내지요. 한편 우연한 기회로 담당자의 눈에 띄어 캐스팅되는 '길거리 캐스팅'의 경우도 있고, 회사에서 여는 오디션에 직접 참여해 연습생 생활을 시작하는 경우도 있어요.

최근 다국적 그룹이 많은 인기를 끌면서 지역 오디션뿐만 아니라 글로벌 오디션까지 열리곤 해요. 보통의 오디션은 1차로 온라인 접수를 받아요. 자기 소개 영상과 지원 분야(보컬, 랩, 댄스 등)의 영상을 보내면 소속사 담당자들이 모여 합격자를 추려요. 그 다음 합격자에 한해 2차 대면 오디션이 열려요. 직접 소속사 담당자들을 만나 자신이 가진 능력을 선보이는 것이지요. 하지만 오디션에 합격했다고 모두 다 데뷔할 수 있는 건 아니에요. 부단한 노력이 필요한 연습생 기간을 거쳐야 하지요.

둘 트레이닝

연습생이 되었다면 본격적인 트레이닝을 받아야 해요. 회사마다 진행하는 트레이닝 과정은 조금씩 차이가 있지만 이 과정에서 아이돌에게 요구되는 많은 것들을 배우게 돼요.

먼저 가장 기본적인 춤과 노래를 배워요. 연습과 트레이닝을 바탕으로 월말 평가를 진행하는데, 이때 받게 되는 소속사 관계자들의 평가가 앞으로의 연습생 생활을 좌지우지하기 때문에 많은 연습생들이 좋은 평가를 받기 위해 노력하지요. 월말 평가는 연습을 얼마나 잘했나를 보는 것도 있지만 소속사에서 데 뷔시킬 그룹의 콘셉트나 멤버별 조합을 확인하는 과정이기도 해요.

그밖에 외국인 연습생을 위한 한국어 수업, 글로 벌 그룹이 되기 위한 외국어 수업, 심리적인 문제 를 해결하기 위한 상담 등이 진행되어요.

아이브 멤버들은 연습생 시절 셀카 수업과 틱톡 영상 편집 및 촬영을 배웠다고 밝혀 화제가 된 적 이 있어요.

 ### 정식 데뷔

최근 르세라핌의 데뷔 다큐멘터리에서 데뷔조를 짜는 과정이 공개되며 화제가 됐어요. 그중에서도 매일 같이 연습하던 연습생 중 한 명이 데뷔조에 서 탈락하게 되었다는 발표에 모두 슬픔에 빠지는 장면이 많은 팬들의 마음을 아프게 했지요.

또한 이제는 중견 아이돌이 된 트와이스의 지효 역시 데뷔하기까지 힘든 연습 기간을 버틴 것으로 유명해요. 무려 10년의 기간 동안 연습생 생활을 지속했다고 하지요. 연습생 시절 가장 힘들었던 건 함께 연습했던 연습생이 자신보다 먼저 데뷔할 때였다고 밝히기도 했어요.

이처럼 아이돌 지망생들은 연예 기획사에서 연습 생 생활을 한다고 해도 데뷔하기까지 고된 시간을 보내야 해요. 연습생 기간이 오래 되었다고 해서 모두 데뷔하는 것은 아니며, 소속사에서 구성한 그룹의 콘셉트에 딱 맞는 멤버라면 연습생 기간이 짧아도 빠르게 데뷔하는 경우도 있어요.

최근에는 트레이닝 시스템과 커리큘럼이 구체화

되어 과거에 비해 평균 연습 기간이 짧아지고 있 는 추세이긴 하지만, 수많은 아이돌의 등장으로 경쟁이 심해지며 오히려 데뷔가 더 어려워졌지요. 데뷔가 계속 미뤄지는 연습생은 자신이 데뷔할 수 있는 회사를 찾아 떠나거나, 프로젝트 그룹 오디 션 프로그램에 참여하기도 해요.

최근 소속사들은 데뷔가 임박한 연습생들의 연습 영상이나 길거리 공연 등의 영상을 미리 공개해 팬들의 호기심을 자극하기도 해요. 힘든 경쟁을 이겨 내고 그 자리에 선 만큼, 성공적으로 데뷔까 지 마칠 수 있도록 미리 팬덤을 확보하는 거예요.

3짱

꿈을 향한 여정

안유진 & 장원영

" 조금 떨리지만

꿈에 한 발짝

다가선 것 같아 기뻐! "

2016년 11월, 고척 스카이돔

야~ 서울 진짜 사람 많다.

길 잃어버리지 않게 조심해. 늦으면 큰일이니까.

멜론 뮤직 어워드, 딱 기다려라.

까아~

엑소, 레드벨벳!

트와이스, 방탄소년단!

멜론 뮤직 어워드

멜론 뮤직 어워드

WILL CALL

텔레비전으로만 보던 아이돌을 직접 보러 오다니!

우와아..

어떡해….
너무 두근거려.

이제
시작하려나 봐!

꺄아

와아아..

정말 멋지다.

나도 저런 아이돌이
되고 싶다.

12

안유진은 고척 스카이돔에서 열린 멜론 뮤직 어워드
무대를 보고 아이돌에 대한 꿈이 생겼습니다.

야, 무슨 생각을 그렇게 하길래 불러도 대답을 안 하냐!

아무래도 멜론 뮤직 어워드 후유증이 큰 것 같아.

나 결심했어.

무슨 결심?

아이돌이 될 거야!

….

진심이야?

응, 며칠 전에 승무원이 꿈이었고, 지난달에 선생님이 되고 싶었는데. 지금은 달라.

생각해 보니 난 아이돌이 되고 싶었던 것 같아!

56

허락도 받았으니 본격적으로 준비해 볼까? 우선 오디션을 알아봐야지.

STARSHIP AUDITION

▷ 지원 자격
2000년 이후 출생자

▷ 지원 분야
보컬 / 랩 / 댄스 / 외모

▷ 지원 방법
· 하단의 '오디션 지원하기' 버튼 클릭 후 지원서 작성
· 필수 첨부 파일
1) 정면 클로즈업 및 전신사진 파일 총 2장
2) 지원 분야에 따른 영상 및 음성 파일
  - 보컬/랩 - 자율곡, 1분 이상의 영상 또는 음성 파일
  - 댄스 - 자유곡, 1분 이상의 영상 파일
  - 외모 - 자유 형식의 30초 이상의 영상 파일 (연기, 자기

▷ 유의 사항

· 포토샵이나 필터 등으로 수정 처리 혹은 정면이 아닌 사진은
· 포커스가 맞지 않는 동영상 파일, 음질이 불량한 음성 및 동

오디션을 보려면 노래 부르는 영상이랑 사진이 필요하구나.

어, 이메일 지원도 가능하잖아! 훨씬 마음이 편해지는걸?

뒤적

뒤적

찾았다!

제출하기

이제
접수만 하면
끝이다!

며칠 뒤

엄마!
나 1차 오디션
합격했대요!

타다다다..

정말?

며칠 뒤에
2차 오디션은
대면 오디션이라
서울로 가야 해요.

그, 그래.

스타쉽엔터테인먼트 2차 오디션 날

조금 떨리지만 꿈에 한 발짝 다가선 것 같아 기뻐!

고생 많았어. 혹시 결과가 좋지 않더라도 너무 실망하지 마.

떨어지더라도 괜찮아요. 아이돌을 향한 제 꿈은 이제 시작이니까요.

활짝

여보세요?

네? 스타쉽이요?

며칠 뒤 안유진의 어머니는 뜻밖의 전화를 받게 되었습니다.

안녕하세요, 어머니. 바쁘신데 시간 내 주셔서 감사합니다.

그보다 무슨 일로 여기까지….

유진이를 꼭 스타쉽으로 데려오고 싶습니다.

유진이의 지원 메일을 봤을 때부터 무조건 이 친구와 함께해야겠다고 생각했습니다.

유진이의 재능을 마음껏 펼칠 수 있게 돕겠습니다. 부디 저희 회사에서 시작할 수 있게 도와주십시오.

안유진은 스타쉽엔터테인먼트의 적극적인 제안을 받아 연습생으로 입사했습니다. 연습생 신분으로는 드물게 소속 가수의 뮤직비디오와 광고에 출연하는 등 회사의 큰 기대를 받았지요.

2015년, 어느 날

쭈우욱

달칵

아직 자는 줄 알고
깨우러 왔는데,
운동 중이었구나.

키가 쑥쑥 크려면
스트레칭 같은 운동을 꼭
해 줘야 한댔어요!

그래, 끝나면
나와서 밥 먹어라.

62

달그락 달그락

잘 먹겠습니다.

우리 진영이랑 원영이는 채소도 잘 먹네. 그 나이면 반찬 투정할 법도 한데 말이야.

키가 쑥쑥 크려면 채소도 잘 챙겨 먹어야 해요!

잘 먹었습니다!

치카 치카

이번 주제에 대해서 발표해 볼 친구 있나요?

저요!

우아, 저거 어려운 내용인데 ....

원영이 쟤는 못하는 게 뭐야?

내일 미술 시간에는 나의 장래희망에 대해 그릴 거예요.

각자 자신의 꿈이 무엇인지 고민해 오세요.

나의 꿈?

사람들에게 반드시 알아야 할 정보를 전달하는 아나운서는 어떨까?

무대 위에서
멋지게 춤추는
발레리나가 될까?

맛있는 디저트로
사람들을 행복하게
만들어 주는 파티시에는
어떨까?

절레

절레

어느 하나
고르기가
쉽지 않네.

장원영은 재능이 많은 만큼 꿈도 많았습니다.

원영아!

이따 애들이랑
떡볶이 먹으러
가기로 했는데,
같이 갈래?

미안,
학원 가야 해서
못 갈 것 같아.

학원?
어제도 학원 간다고
일찍 갔잖아.

응. 오늘은
플루트 배우러
가야돼.

그럼 내일은?

내일은
바이올린.

그럼
모레는?

피아노….

뭐라고?
안 힘들어?

괜찮아.
난 뭐든 배우는 게
재밌거든.

66

넌 공부도 잘하잖아.
너 혹시 하루가
48시간이야?

틈 날 때마다
하는 거지, 뭐.

장원영은 스스로를 관리하고 발전해 나가
는 것을 좋아했습니다. 특히 무언가를 배우
는 데 있어 열정이 대단했지요.

원영아,
또 코피 났니?
힘들면 좀 쉬어도 돼.
굳이 무리해서 여러 가지를
배울 필요 없어.

투둑

휴다닥

아니에요.
전 배우는 게 너무
즐거워요. 정말 힘들 때
말씀 드릴게요.

때로는 지치고 힘에 부칠 때도 있었지만
장원영은 배우는 것을 멈추지 않았습니다.

2017년 2월, 언니의 중학교 졸업식 날

언니~!

원영아!
엄마, 아빠!

언니,
졸업 축하해!

진영이가 벌써
고등학생이라니.

훌쩍

졸업 기념으로
가족끼리 같이
사진 찍어요!

68

저기, 죄송한데. 저희 사진 좀 부탁드려도 될까요?

네, 그럼요.

자, 그럼 찍습니다!

감사합니다.

학생, 혹시 아이돌 해 볼 생각 없어요? 전 스타쉽엔터테인먼트에서 신인을 발굴하는 일을 하고 있어요.

제가요?

이건 제 명함이에요. 학생이라면 바로 당장 아이돌로 데뷔해도 문제없겠어요. 생각해 보고 꼭 연락 줘요!

STARSHIP ENTERTAINMENT

장원영은 언니의 졸업식에서 스타쉽 엔터테인먼트 관계자의 눈에 띄어 캐스팅되었습니다.

통합 지식 플러스 ❸ ▼

서바이벌 오디션 프로그램

연습생 신분으로 참여해 프로젝트 그룹을 데뷔할 수 있는 아이돌 오디션 프로그램이 인기를 끌었어요. 어떤 프로그램이 있었는지 알아보아요.

하나 〈프로듀스 101〉

2016년 엠넷에서 첫 방영한 〈프로듀스 101〉 시리즈는 아이돌 오디션 신드롬을 일으키며 큰 화제가 되었어요. 수많은 논란이 있었지만 큰 화제성으로 아이돌 오디션 프로그램 최초로 시즌제로 진행되었어요. 2016년 방영된 〈프로듀스 101 시즌 1〉을 시작으로 2019년 〈프로듀스 X 101〉까지 많은 아이돌 스타들을 배출했지요.

안유진과 장원영이 참여한 〈프로듀스 48〉은 이전 시즌과 다르게 한일 합작 프로젝트로 진행되었어요. 시즌 1은 '아이오아이', 시즌 2는 '워너원', 시즌 3은 '아이즈원', 시즌 4는 'X1'이라는 프로젝트 그룹으로 약 2년간 활동할 수 있었지요.

안유진과 장원영이 참여한 〈프로듀스 48〉

특히 이 프로그램은 국민 프로듀서의 선택을 받아 순위권에 들어야 프로젝트 그룹으로 데뷔할 수 있는 규칙이 있어요. 매 회 프로그램이 끝난 뒤 투표를 진행하고, 그 다음 회에 순위를 알려 주었지요.

〈프로듀스 101〉 시리즈는 여러 서바이벌 프로그램 중 가장 큰 화제성을 보이며 아이돌 서바이벌 프로그램의 대명사로 자리매김했어요.

 ## <아이돌학교>

<아이돌학교>는 2017년 엠넷에서 제작된 걸그룹 오디션 프로그램이에요. 국내 최초 걸그룹 전문 교육 기관이라는 콘셉트로 만들어진 <아이돌학교>는 소속사가 없는 일반인을 대상으로 참가자를 모집했어요. 아이돌학교라는 이름처럼 참가자들을 학생이라 부르고, 성장형 교육 과정을 내세워 11주의 교육을 거친 뒤 투표로 뽑은 상위권 학생이 데뷔할 수 있었어요. 각 분야에서 뛰어난 능력을 뽐낸 선배 가수들을 선생님으로 초청해 발성부터 춤의 기본까지 다양하게 배울 수 있었어요. 11회에서 데뷔조가 구성되었고, 정식 그룹명은 '프로미스나인'으로 확정되었어요. 프로미스나인은 현재도 활발한 활동을 이어 나가고 있지요.

 ## <플래닛 시리즈>

2021년 엠넷에서 방영된 <걸스플래닛>과 2023년 방영된 <보이즈플래닛>을 통틀어 <플래닛 시리즈>라고 불러요.

한국, 일본, 중국 3개국의 참가한 <걸스플래닛>은 프로듀스 시리즈와 비슷한 규칙을 가지고 있어요. 하지만 기존 서바이벌 오디션 프로그램만큼 큰 화제가 되진 못했지요. <걸스플래닛>을 통해 데뷔한 '케플러'는 꾸준한 활동을 이어 갔고 서바이벌 오디션 프로젝트 그룹 최초로 계약 연장을 진행하기도 했어요.

전 세계에서 참가자를 모집한 <보이즈플래닛>은 수천 여명의 참가자가 지원하며 화제가 되었어요. 3차로 진행한 예선을 거쳐 선발된 98명의 참가자들은 경연을 펼쳤고 높은 시청률을 기록하며 팬덤을 형성해 나갔어요. 보이즈플래닛을 통해 데뷔한 '제로베이스원'은 현재도 활발한 활동을 이어가고 있어요.

2025년에는 <플래닛 B>가 방영될 예정이에요. 이 프로그램을 통해 선발된 인원이 같은 해 진행될 엠넷 보이그룹 데뷔 서바이벌에 출연한다고 알려져 어떤 참가자가 나올지 많은 팬들이 기대하고 있어요.

 ## <방과 후 설렘>·<소년판타지>

<방과 후 설렘>은 글로벌 걸그룹 오디션으로 2021년에 MBC에서 방영했어요. 학교를 테마로 모든 참가자들을 연령대별로 나눠 학년으로 구분했어요. 역대 공중파 오디션 프로그램 중 가장 많은 참가자가 지원해 화제가 되었지요. 이 프로그램을 통해 데뷔한 '클라씨'는 현재도 활발한 활동을 하고 있어요.

<소년판타지>는 글로벌 보이 그룹 오디션으로 최종 상위권 멤버들이 '판타지보이즈'로 데뷔했어요.

연습생의 무게 그리고 서바이벌

> "
> 제일 높은 이 자리!
> 그래, 여기를 진짜 내 자리로
> 만드는 거야!
> "

스타쉽엔터테인먼트 연습실

얘들아,
할 말이 있으니
잠깐 모여 볼래?

달칵

무슨 일 있나?

이번에
프로듀스 101 새 시즌이
시작된다는 건 알지?

우리 소속사에선
원영이, 유진이, 가현이가
참가하게 됐어.

Mnet(엠넷)에서 방영된 <프로듀스 101>은 최고 시청률을 기록하며 큰 인기를 끈 서바이벌 프로그램입니다. 시즌 1에선 스타쉽엔터테인먼트 소속인 유연정이 순위권에 들어 아이오아이로 데뷔했고, 시즌 2에선 같은 소속사인 정세운이 대중들에게 눈도장을 찍으며 인기를 끌었습니다. 이번 시즌 3는 일본의 아이돌 그룹 AKB48과 협업하여 글로벌 걸그룹을 제작하겠다는 의지를 담아 <프로듀스 48>이라는 이름이 붙여졌습니다.

세상에 너흴 알릴 좋은 기회지만 서바이벌 특성상 많이 힘들고 괴로울 거야.

우리 잘해 보자!

그래도 이번 기회에 너희의 능력을 마음껏 뽐내고 오면 좋겠다.

너희라면 분명 잘할 거야! 그런 의미로 오늘 연습은 여기까지 해도 될까요?

그래, 이번 한번만 봐준다!

75

원영아,
빠진 거 없이
잘 챙겼어?

네. 근데
서바이벌이라니
떨려요.

걱정하지 마!
넌 외모도, 춤도,
노래도, 뭐 하나
빠지는 게 없잖아.

그건 언니도
마찬가지잖아요.

벌컥

헉

아직 안 갔구나.
다행이다.

가을 언니!

허억

프로그램
참여하러 가면
몇 달 못 볼 거 같아서
인사하러 왔어.

너희라면 꼭 국민 프로듀서의 픽을 받아 데뷔할 거야.

그러니까 너무 긴장하지 말고, 너희가 가진 걸 다 보여 주고 와!

네!

연습생으로 생활한 지도 벌써 2년이 다 되어 가는데, 난 언제쯤 대중 앞에 설 수 있을까?

인사해. 새로 온 연습생이야.

안유진과 장원영이 <프로듀스 48>에 참가하러 떠난 사이 레이가 새로운 연습생으로 합류하게 되었습니다.

안녕하세요. 나오이 레이라고 합니다.

꾸벅

안녕하세요. 전 김가을이에요.

가을아,
이따 레이도 같이
연습에 참여할 수 있게
챙겨 줘.

네!

처음
연습생 생활을
시작했던 때가
떠오르네.

다들 정말
잘하는구나.

저기….

톡

밥 먹었어요?

아직요.

허둥

지둥

한국말
잘하네요!

아직 좀 서툴러요.
그래도 열심히
공부하고 있어요!

그럼 제가
한국어 알려 줄 테니까
저한테 일본어
알려 줄 수 있어요?

레이야, 한국 와서
가장 적응하기
힘들었던 점이 뭐야?

기우뚱

버스가
롤러코스터처럼 흔들려서
너무 놀랐어요!

뭐?
그게 다야?

하 하

?

<프로듀스 48> 프로필 촬영 날

와~ 쟁쟁한 친구들 진짜 많다.

저 연습생은 노래를 무지 잘한다고 하던데.

원영아! 우리도 열심히 해 보자!

안유진 씨, 촬영 들어가겠습니다.

안녕하세요. 스타쉽엔터테인먼트 연습생 16살 안유진입니다!

프로듀스 48 스타쉽 연습생 장원영 꼭 PICK 해주세요!

안녕하세요. 스타쉽엔터테인먼트 연습생 장원영입니다!

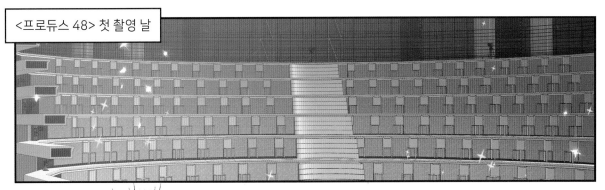

<프로듀스 48> 첫 촬영 날

확실히 카메라가 있으니 부담된다.

꿀떡

스타쉽
안유진

언니는 어디에 앉을 거예요?

스타쉽
장원영

스타쉽
안유진

그러게, 어디 앉지. 고민되네.

안녕하세오~

스타쉽
안유진

스타쉽
조가현

성큼

성큼

스타쉽

81

제일 높은 이 자리!
그래. 여기를
진짜 내 자리로
만드는 거야!

1위 자리를 자신의 것으로 만들겠다는 각오와
함께 프로그램은 시작되었습니다.

춤이든 노래든
뭐든 자신 있어.
떨리지만 자신 있게
해 내자!

첫 번째로 신행된 기획사별 퍼포먼스 평가에서는 안유신과
장원영 모두 B등급을 받게 되었습니다. 또한 첫 방송 투표
결과에서도 각각 3위와 2위라는 높은 순위에 올랐습니다.

그룹 배틀 평가

그룹 배틀 평가의
팀별 대결곡과
대진표는 달리기로
결정됩니다.

원하는 곡이 적힌
표지판을 먼저 뽑아 정해진
자리에 꽂으면 해당곡을
선택할 수 있는 방식입니다.

대결곡으로
'너무너무너무' 어때요?
제가 꼭 뽑아 올게요.

달리기라면 자신 있지.
육상부도 했고,
이어달리기도
해 봤으니까!

스타쉽
안유진

탓

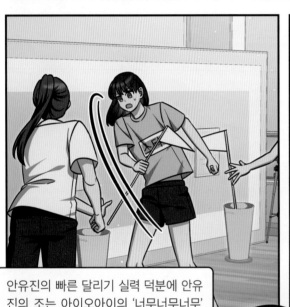

와아아

스타쉽

안유진의 빠른 달리기 실력 덕분에 안유진의 조는 아이오아이의 '너무너무너무' 무대를 준비하게 되었습니다.

안유진이 꾸린 조는 주목도 높은 멤버들과 A등급 연습생들이 모여 누구나 부러워할 팀이었습니다. 게다가 팀 분위기와 잘 맞는 노래를 선곡해 많은 사람의 기대를 받게 되었습니다.

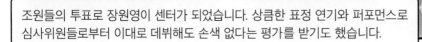

조원들의 투표로 장원영이 센터가 되었습니다. 상큼한 표정 연기와 퍼포먼스로 심사위원들로부터 이대로 데뷔해도 손색 없다는 평가를 받기도 했습니다.

저희 조엔
랩 포지션을
맡을 수 있는 사람이
없잖아요.

제가 한번
해 봐도 될까요?

미리
연습한 거
아니에요?

대단해!

유진이가
랩 포지션이라고?

네!

가사만큼은
틀리지 말자.
가사랑 박자는
기본이니까.

가사를 다 외웠으면 너무 좋았겠지만, 가사지를 안 보고 외워서 하려는 자세를 난 너무 칭찬해 주고 싶어.

움찔

다음 날

어어

허

뻑

꺄르륵

유진이 덕분에 하나도 안 힘든 것 같아.

안유진은 특유의 친화력과 밝은 성격으로 팀 분위기를 화기애애하게 주도했습니다.

그룹 배틀 평가 당일

믹스주스 파이팅!

내가 가진 매력을 모두 보여 주자!

무대를 즐기는 거야.

안유진과 장원영이 속한 1조는 상큼하고 신선한 무대로 많은 이들의 호평을 받았습니다. 특히 이날 방송 이후 장원영은 실시간 검색어 1위에 오르며 큰 화제를 끌었습니다. 그룹 배틀 평가 이후 첫 번째 순위 발표식에서 안유진이 2위, 장원영이 3위를 차지했습니다. 경연이 진행될수록 안유진과 장원영의 주목도는 높아지며, 데뷔권 순위에 안정적으로 들게 되었습니다.

포지션 평가

이어지는 포지션 평가는 1차 순위 발표식을 기준으로 보컬과 랩 부문, 댄스 부문으로 나뉘어 경연곡을 선택하는 경연이었습니다. 보컬 파트는 편곡을, 랩 파트는 랩 메이킹, 댄스 파트는 안무 창작을 해야 했지요. 안유진과 장원영은 모두 댄스 부문에 도전했습니다.

지금은 순위가 안정적이긴 하지만, 언제 떨어질지 모른단 생각에 불안해.

하아

잘해야 한단 압박감도 너무 심하고….

그렇지만 약해져선 안 돼. 이럴 때일수록 더 열심히 연습해서 멋진 무대를 보여 주자.

여기서 이렇게 흘리듯 웨이브를 넣는 건 어떨까?

오, 그것도 좋다!

언니, 상체보다 하체 위주의 동작을 넣는 건 어떨까요?

스타쉽 장원영

플레디스

원영아,
자율 연습 시간인데
쉬지도 않고
연습하는 거야?

제 연습량이 부족해서
팀에 민폐를 끼치면
안 되니까요.

남은 시간 동안
더 힘내서
연습할 거예요!

안유진과 장원영은 포지션 평가에서 각자의 몫을 훌륭히 소화해 내 안정적인 순위권을 확보했습니다. 모두들 이대로 간다면 두 사람은 2차 순위 발표식 때도 높은 순위권에 들 것이라 입을 모아 말했습니다.

2차 순위 발표식

꿀꺽

첫 번째 순위
발표식 때보다
더 떨린다.

최상위권
생존 연습생은
누가 될까요?

4위 연습생은
바로… 안유진
연습생!

순위가 떨어졌구나.
속상하지만
포기하지 말고
조금 더 노력해 보자!

2차 순위 발표식에서 안유진은 4위, 장원영은 1위에 올랐습니다. 두 사람 모두 힘든 경연 과정 속에서도 밝게 웃으며 노력했습니다.

콘셉트 평가

세 번째 경연인 콘셉트 평가는 만들어진 곡에 어울리는 연습생들을 팬들이 직접 투표해 팀을 꾸리는 미션이었습니다. 안유진과 장원영 모두 팬들이 정해 준 곡의 콘셉트에 맞게 완벽히 준비해 무대에 올랐지요.

하지만 팬들의 평가는 냉정했고, 3차 순위 발표식에서 상위권에 머물던 장원영은 7위, 안유진은 14위로 떨어지게 되었습니다.

어쩌면 데뷔를 할 수 없을지도 모른다는 불안감에도 안유진은 밝게 웃으며 데뷔 평가를 준비하게 되었습니다.

데뷔 평가

안유진과 장원영은 '앞으로 잘 부탁해' 팀에 속해 함께 마지막 데뷔 평가 연습을 시작했습니다.

마지막으로 임팩트를 남겨야 하는데, 파트가 한 줄뿐이네.

항상 밝고 자신감 넘치던 안유진은 경연이 끝을 향해 달려갈수록 순위권에서 멀어져 지친 모습을 보이기도 했지만 끝까지 포기하지 않았습니다.

파트 하나에도 정성을 쏟으며 멋진 음색을 선보이려고 노력했습니다.

안유진과 장원영은 멋진 무대로 경연의 마지막 데뷔 평가를 성공적으로 마치게 되었습니다.

파이널 순위 발표식

6위는
야부키 나코
연습생입니다.
5위는 스타쉽 소속
연습생인데요….

원영이겠구나.
최선을 다했으니
그걸로 됐어.

이전 시즌보다 순위 변동이 심하고, 최상위권 경쟁
이 치열했던 <프로듀스 48>. 아이즈원 데뷔 멤버
를 호명하는 파이널 순위 발표식 날이 밝았습니다.

안유진
연습생입니다.

왈칵

안유진은 그간 불리한 상황에도 스스로에
대한 믿음과 성실함으로 최종 5위에 올라
아이즈원으로 데뷔하게 되었습니다.

최종 1, 2위 후보는
미야와키 사쿠라 연습생과
장원영 연습생입니다.

최종 1위는….
장원영 연습생입니다!

팡

정말 감사합니다.
순위에 연연하지 않고
항상 같은 모습으로 모든
곳을 비춰 주는 센터가
되도록 하겠습니다.

처음에 이 자리에
꼭 앉고 싶다 생각했는데,
결국 여기까지 오게
되었어.

장원영은 경연 내내 시선을 강탈하는 외모와 준수한 실력으로 최고의 존재감을 과시했습니다. 그럼에도 안주하지 않고 계속된 노력으로 최종 1위를 차지해 아이즈원에 합류하게 되었습니다.

<프로듀스 48>에서 완성된 아이즈원은 2018년 10월 29일 첫 활동을 시작으로 '라비앙로즈', 'FIESTA', '환상동화', 'Panorama', '비올레타' 등 다양한 무대를 선보이며 대중들에 큰 사랑을 받았습니다.

새로 합류하게 된
연습생이 있어.
인사하렴.

안녕하세요.

가을이가
두 친구 좀
잘 챙겨 주고.

안녕하세요.
전 김가을이에요.

전 나오이
레이라고 해요.

전 김지원이라고
합니다.

안녕하세요.
전 이현서입니다!

레이가 연습생으로 합류하고 이어서 리즈와 이서도
함께 연습생 생활을 시작하게 되었습니다. 그들은
서로에게 큰 힘이 되어 주었습니다.

그 소식 들었어?
조만간 회사에서
걸그룹이 데뷔한대.
아이즈원 활동도 끝나 가니까
유진이, 원영이랑 같이
데뷔하는 게 아닐까?

정말?

나에게도
기회가 올까?

K-POP 역사를 새로 쓸 4세대 아이돌

1세대부터 3세대까지 아이돌이 주도하는 대중음악 시장에서 새로운 장을 연 4세대 아이돌들이 있어요.

하나 뉴진스

뉴진스는 2022년 7월 22일에 데뷔한 5인조 다국적 걸그룹이에요. 뉴진스라는 그룹명은 매일 찾게 되고, 언제 입어도 질리지 않는 청바지(Jean)처럼 시대의 아이콘이 되겠다는 포부와 새로운 시대를 열겠다는 각오가 담겨 있어요. 5명의 멤버들이 자유분방하면서도 독특한 퍼포먼스로 뉴진스만의 하이틴을 선보이며 사랑 받고 있어요. 콘셉트뿐만 아니라 퀄리티가 높은 음악으로 발매하는 앨범마다 큰 사랑을 받고 있지요.

뉴진스는 데뷔 1년 5개월 만에 3장의 앨범 합산 누적 판매량 500만 장을 넘긴 유일무이한 그룹으로 음반 시장에서 독보적인 존재감을 뽐내고 있어요.

또한 'Ditto'는 빌보드 핫 100에 96위로 진입했어요. 다른 그룹들은 수년간 쌓아온 팬덤을 기반으로 빌보드에 입성했기에 신인 뉴진스의 기록은 이례적이란 평가를 받고 있어요. 그밖에도 'OMG', 'Super shy', 'ETA', 'Cool with you'까지 빌보드 HOT 100에 진입하며 해외에서도 큰 인기를 자랑했어요.

뉴진스

🗨️ 둘 르세라핌

르세라핌은 2022년 5월 2일 데뷔한 5인조 다국적 걸그룹이에요. 아이즈원 멤버였던 사쿠라와 김채원이 포함되어 데뷔 전부터 큰 화제를 모았지요. 르세라핌의 그룹명은 '세상의 시선에 흔들리지 않고 두려움 없이 앞으로 나아가겠다는 자기 확신과 강한 의지'가 담겨 있어요.

데뷔 앨범 <FEARLESS>는 발매 당일 하루만에 17만 6,861장의 판매량을 기록했어요. 이는 역대 걸그룹 데뷔 음반 중 1일차 최대 판매량이었지요. 게다가 발매 2일째 역대 걸그룹 데뷔 앨범 초동 판매량 기록을 갱신했어요.

르세라핌

🗨️ 셋 에스파

에스파는 2020년 11월 17일 데뷔한 4인조 다국적 걸그룹이에요. 에스파는 독보적인 콘셉트와 세계관으로 데뷔 때부터 큰 관심을 받았어요.

에스파는 자신의 또 다른 자아인 아바타를 만나 새로운 세계를 경험하게 된다는 세계관을 바탕으로 활동해요. 사이버펑크 분위기의 콘셉트, 독특한 가사는 에스파의 시그니처로 꼽히며 많은 사랑을 받았어요. 특히 멤버 모두 메인 보컬급의 실력을 가져 가창력이 강점인 그룹이라고도 평가되고 있어요.

에스파는 전 세대 통틀어 걸그룹 역대 최상위권 앨범 판매량 수치를 기록하고 있어요. 에스파가 빠르게 성장할 수 있었던 비결은 음악에 있어요. 음악성에 집중해 에스파만이 보여 줄 수 있는 음악을 완성해 나가며 음악성과 대중성을 동시에 잡은 그룹으로 입지를 다지고 있어요.

에스파의 대표곡으로는 'Next Level', 'Black Mamba', 'Savage', 'Drama' 등이 있어요. 발매하는 모든 앨범마다 큰 화제가 되며 많은 사랑을 받았지요. 최근 발매한 정규 1집 <Armageddon>은 'Supernova'와 'Armageddon' 더블 타이틀 앨범으로 음원 공개 즉시 대부분의 음원 사이트 상위권을 기록하며 식지 않은 인기를 과시했어요.

에스파

5장

드디어 만난 여섯 소녀

> 유진이나 원영이처럼
> 경험 있는 친구들과 함께
> 준비한다는 게
> 얼마나 큰 행운인지 몰라.

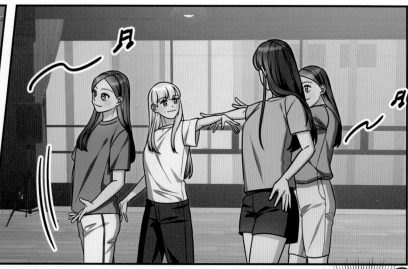

너희한테 공지할
내용이 있어.

끼익

혹시…!

원영이,
유진이잖아!

이번에
원영이랑 유진이를
주축으로 만들 걸그룹에
가을, 현서, 레이, 지원이가
포함되었다.

드디어
데뷔라니!

마냥 기뻐할 순 없어.
이미 아이즈원 활동으로
원영이랑 유진이에게 쏠린
관심과 기대치에 부응하려면
지금보다 더 잘해야 돼.

오디션 홍보 영상에서
봤던 친구들과
같은 팀으로 데뷔라니,
꿈만 같아.

안유진과 장원영을 주축으로 가을, 이서, 레이,
리즈가 새로운 걸그룹으로 데뷔하게 되었습니
다. 하지만 이미 인지도가 있는 안유진과 장원
영에게 거는 기대에 부응하기 위해선 피나는
노력이 필요했습니다.

데뷔가 코앞이라 그런가
전보다 춤이며 노래며
정체된 기분이야.

아닌데!
여기서 언니가
제일 춤 잘 춰요!

그리고 원영이 센터 설 때 표정이 너무 좋더라!

기웃

원영아, 나는? 나는!

기웃

가을 언니는 리듬감이 남달라서 킬링 파트도 잘 소화해 낼 거 같아요.

지원이는 노래를 잘하잖아! 지원이 노래를 들으면 마음이 사르르 녹아.

뭐야, 결론은 우리 다 잘하는 거잖아! 데뷔 걱정할 필요가 없겠다~!

데뷔를 앞두고 원하는 만큼의 기량이 나오지 않아 힘들어 하던 때도 있었습니다. 하지만 멤버들은 서로를 응원하고 챙겨 주며 한 발짝 더 성장했습니다.

이번에 데뷔하는 걸그룹,
그룹명 사내 공모했다는데
좋은 아이디어 냈어요?

그럼요!
제가 낸 그룹명이
확정되면 뿌듯할 것 같아요.
게다가 장원영이랑 안유진이
속한 그룹이다? 이건 완전
성공 보장인데!

그렇단 말이지!

쌩~

벌컥

우리 팀명이 곧
결정될 건가 봐!

이러니까 데뷔가 다가온 게 실감 나요.

그러게! 우리의 이름은 뭐가 될까? 기대된다.

무슨 이름이든 다 멋질 것 같아!

궁금해서 못참겠다! 이따 PD 님 오시면 물어보자.

그래!

께익

PD 님! 혹시 저희 그룹명 정해졌나요?

응.

후다닥

뭔가요!

너희 팀 이름은 '아이브'야.
너희가 가진 걸 모두
보여 주자는 뜻이지. 아, 그리고
현서랑 지원이 제외하고 모두
본명으로 활동하려고 해.

그럼
제 활동명은
뭐예요?

'리즈'라고
정했어.

영국 작가
제인 오스틴의 소설
오만과 편견 알지?
거기 주인공인 엘리자베스 베넷의
애칭에서 따왔어.
매력적이고 당당한 성격이
지원이 너랑 닮은 것 같아서.

매력적이고 당당한
모습을 보여 주겠다!
이런 의미네요.
메모장에 적어 두고
수시로 봐야겠어요.

그룹명이 아이브로 확정되면서 본격적으로 데뷔가 눈앞에
다가왔습니다. 대부분의 멤버들은 본명을 사용하기로 했
고, 이현서는 본명에서 가운데 글자를 뺀 이서로, 김지원은
본명이 아닌 리즈라는 예명을 사용하기로 했습니다.

조금만 더
힘내자!

언니들만큼
잘하고 싶어.

다른 멤버들보다 연습생 생활이 짧은 이서와 리즈도 팀을 위해,
스스로의 발전을 위해 더욱 더 노력하며 연습에 매진했습니다.

데뷔곡
가이드만 들어도
너무 좋지 않아요?

거기에 우리의
음색과 퍼포먼스가
더해지면 더 완벽한
무대가 될 거야.

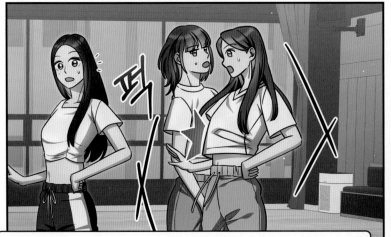

데뷔곡 연습은 생각보다 더 어려운 일이었습니다. 아이브의 데뷔곡은 포
인트 안무가 많고 동선이 다양해 멤버끼리 부딪치는 경우도 잦았습니다.
하지만 멤버들은 멋진 퍼포먼스를 위해 계속해서 연습에 몰두했습니다.

진짜 힘들다.

그래도 안무 처음 배울 때보단 많이 좋아지지 않았어?

맞아, 그때 저희 숨도 제대로 못 쉬었잖아요.

자, 이제 다시 갈까?

비틀

네!

춤이 너무 힘든데, 이걸 하면서 라이브까지 할 수 있을까? 개인적으로라도 더 연습이 필요해.

여기 한번 다시 해 볼까?

리더인 안유진의 주도하에 이루어진 연습은 언제나 화기애애했습니다. 멤버들 모두 연습이 힘들 텐데도 투정을 부리거나 안유진의 피드백을 부정적으로 여기지 않았습니다.

이 동작할 때 몸에 조금 너 반동을 줘야 할 것 같아. 그리고 지금 미묘하게 위치가 다르거든.

데뷔한다고 하면 기쁘기만 할 줄 알았는데, 막상 현실이 되니 불안한 마음이 드네.

아무래도 유진이 넌, 언니고 리더니까 힘든 일이 있어도 동생들에게 말하기 어려울 거란 생각이 들어.

아니에요….

난 네가 리더가 되어서 너무 좋아. 유진이나 원영이처럼 경험있는 친구들과 함께 준비한다는 게 얼마나 큰 행운이지 몰라.

연습생 때 리더를 해 보면서 리더의 무게가 얼마나 힘들고 벅찬지 알게 됐거든.

많이 어렵죠….

저도 언니랑 같이 데뷔하게 되어 기뻐요.

이렇게 노을이 예쁜데, 다시 들어가서 연습해야 한다니!

안유진은 리더라는 부담감에 지치기도 했습니다. 맏언니 가을은 그런 안유진의 마음을 헤아려 주며 진심 어린 조언을 해 주었습니다.

라이브가
흔들리지 않으려면
반복해서 연습하는
수밖에 없어.

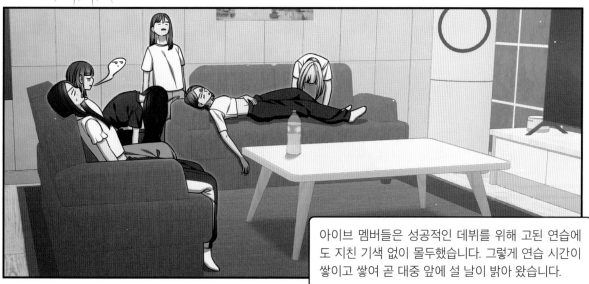

아이브 멤버들은 성공적인 데뷔를 위해 고된 연습에
도 지친 기색 없이 몰두했습니다. 그렇게 연습 시간이
쌓이고 쌓여 곧 대중 앞에 설 날이 밝아 왔습니다.

새로운 아이돌 팬 문화

오랜 역사를 가진 아이돌 문화.
소속사는 이제 대중 지향에서 팬덤
지향으로 소통 방식을 바꾸고 있어요.
새롭게 생기고 있는 팬 문화는
무엇이 있을까요?

하나 굿즈

K-POP 산업의 트렌드가 빠르게 바뀐 만큼 팬 문화도 그에 발맞춰 변해 왔어요. 팬들은 팬클럽 활동뿐만 아니라 팬덤 내 모임에 참여하고 포토카드 꾸미기, 2차 창작물 제작 등 다양한 방식으로 팬덤 활동을 지속하고 있어요.

● 포토카드

최근 대부분의 아이돌은 새 앨범이 발매될 때마다 콘셉트에 맞춰 찍은 사진을 카드 형태로 제공해요. 이를 포토카드라고 하지요. 일반적으로 포토카드는 무작위로 제공되기 때문에, 팬들은 원하는 포토카드를 얻을 때까지 앨범을 구매하기도 해요. 그리고 자신이 구매한 앨범을 개봉하여 포토카드를 얻는 장면을 영상으로 담아 팬들끼리 공유하지요. 포토카드를 얻기 위해 무분별하게 앨범을 구매하는 행동은 종종 사회적으로 비난을 받기도 해요.

또한 팬들은 힘들게 얻은 포토카드를 보관하기 위해 여러 가지 방법을 쓰는데, 보관하는 것을 넘어 포토카드를 한층 더 빛나게 할 수 있는 화려한 보관함을 만드는 것이 크게 유행했어요. 그리고 포토카드뿐만 아니라 앨범 안에 들어 있는 여러 가지 구성품으로 자신의 다이어리를 꾸미기도 한답니다.

● 키노 앨범

앨범 구성품인 포토카드를 얻기 위해 앨범을 여러 장 구매하고 버려지는 CD들로 환경 오염에 대한 우려의 목소리가 있어요. 그러한 측면을 고려해 키노 앨범이라는 새로운 종류의 앨범이 등장했어요. 키노 앨범은 스마트폰을 통해 앨범 속 음악을 저장할 수 있고, 작은 크기로 키링 등으로 활용할 수 있어요.

● **아이돌 모에화 인형**

모에화는 사람을 어떤 물체나 개념에 빗대어 표현한다는 일본어에서 유래되었어요. 동물에 비유해 별명을 짓던 것을 시작으로 일부 소속사에서는 모에화 동물을 형상화한 공식 캐릭터나 굿즈를 발매하기도 해요.

아이브는 멤버들의 외모 특징이 드러난 캐릭터 '미니브'를 공개했어요. 미니브는 인형뿐만 아니라 볼펜, 키링, 포토카드 바인더 등 다양한 상품을 출시했지요.

아이돌 인형을 들고 콘서트에 방문한 팬

 생일 카페

팬들은 좋아하는 아이돌의 생일이 다가오면 이를 알리기 위해 여러 이벤트를 진행해요. 그 중 생일 카페(생카)는 최애의 생일에 맞춰 카페를 대관해 축하하는 문화를 말해요. 아이돌의 사진, 영상 등으로 공간을 꾸미고 아이돌만의 특별한 메뉴와 사진이 담긴 컵홀더, 굿즈 등을 만들어 배포하기도 해요. 생카 문화가 점점 대중화되면서 K-POP 아이돌에 한정되지 않고 배우, 스포츠 스타, 애니메이션 주인공 등 여러 분야로 확산되고 있어요.

 팬 플랫폼

팬 플랫폼이란 아이돌과 관련된 상품과 서비스를 소비하고 그 안에서 다양한 소통 및 커뮤니티 활동을 펼칠 수 있는 모바일 기반 공간을 뜻해요. 팬 플랫폼은 여러 채널로 분산된 팬 활동을 한데 모았다는 장점이 있어요.

대부분의 팬 활동은 팬 플랫폼을 통해 이루어지고 팬들은 자신이 좋아하는 아이돌 플랫폼을 구독하며 소식이나 콘텐츠를 소비해요.

대표적인 팬 플랫폼은 '위버스', '버블', '유니버스'가 있어요. 위버스는 BTS 소속사인 하이브에서 런칭한 플랫폼으로 블랙핑크, 투모로우바이투게더 등이 참여하며 규모를 키웠어요. 버블은 SM 엔터테인먼트의 자회사 디어유에서 런칭한 플랫폼으로 월 4,500원을 내면 아이돌 멤버와 개인 메시지를 주고받을 수 있는 구독 서비스예요. 유니버스는 게임회사인 NC소프트에서 런칭한 플랫폼으로 해외 이용자 비중이 높은 플랫폼이에요.

팬 플랫폼의 등장으로 아이돌과 소통할 기회가 증가하여 친근함을 높일 수 있다는 장점이 있어요.

6장

완성형 아이돌 아이브

> 우리가 받은 사랑에
>
> 보답할 시간이야.
>
> 최고의 무대를 보여 주자!

데뷔 쇼케이스 당일, 리허설 현장

죄송하지만,
노래 한 번 더 맞춰
볼 수 있을까요?

수없이 연습하고 불러 본 노래였지만 연습실을 벗어나
무대에서 하는 공연은 생각처럼 되지 않았습니다.

하지만 간격부터 동선까지 무대에 익숙해져야 하기에
멤버들의 리허설은 끝날 줄 몰랐습니다.

스타쉽엔터테인먼트 대표

힘낏

이, 이게 뭐야?

훠이

훠이

이러다
늦겠는데.

왁

?

2021년 12월 1일 아이브의 데뷔 쇼케이스가 열렸습니다.

시끌
시끌

봤어? 여기 2층도 있어!

2층이 있어요? 2층까지 올려다볼 여유가 없어서 몰랐네.

왁

안 떨린다, 안 떨린다….

대표님은 왜 안 오시지? 오실 시간이 지났는데.

ㄱ
푸드덕
왁

드디어
출발할 수 있게
되었어.

우리가 지금까지
준비했던 모든 걸
세상에 보여 주자!

진장

아이팅!

아이팅?

아이브
파이팅이란 뜻이야.
방금 생각해 낸 거야.

아이브의 데뷔 첫 싱글 앨범 <ELEVEN>은 성공적이었습니다. 데뷔 7일 만에 쇼챔피언 1위를 차지하여 역대 걸그룹 최단 기간 음악 방송 1위를 달성했습니다. 게다가 빌보드부터 스포티파이, 중국 QQ뮤직, 빌보드 재팬 등 글로벌 차트에서도 두각을 드러냈습니다.

아이브는 트렌디한 음악과 퍼포먼스, 멤버들의 외모와 실력 등 완성형 걸그룹이란 평가를 받으며 새로운 걸그룹의 시작을 열었습니다. 특히 그간 보지 못했던 독보적인 컨셉으로 K-POP 최고 기대주로 자리매김하게 되었습니다.

몇 달 뒤

데뷔한다고 긴장한 게 어제 같은데, 벌써 두 번째 앨범이라니.

너무 행복해요! 이번 노래도 너무 좋은 것 같고.

처음 데모 버전을 들었을 땐 아리송했거든.

그때 원영이가….

싱글 2집 콘셉트 회의 날

뭐야, 이 노래 완전 좋잖아!

노래가 좋긴 한데, 타이틀로 해도 좋을진 모르겠네요.

네, 확신이 들진 않아요.

이 노래, 저희랑 잘 어울리는 것 같아요. 초대박의 기운이 느껴집니다!

벌떡!

그, 그런가요?

화르륵

저를 믿고 한번 가 보시죠!

아이브의 두 번째 싱글 앨범 <LOVE DIVE>는 장원영의 적극적인 의견에 힘입어 활동을 준비할 수 있었습니다.

두 번째 싱글 컴백날

총총…

뭐야?
또 까치야?

데뷔 쇼케이스
날도 이러더니….

하하

이번 앨범도
잘 되려는
징조인가?

두 번째 싱글 앨범 <LOVE DIVE>는 발매 6일 만에 누적 판매량 30만 장을 돌파하며 4세대 걸그룹 중 최초라는 새 역사를 쓰기도 했습니다.

역시 내 선택은 틀리지 않았어. 지금처럼 나를 믿고 나아가자.

내가 여기까지 올 수 있었던 건 멤버들과 팬들 덕분이야.

아이브는 <LOVE DIVE>로 2022 멜론 뮤직 어워드에서 'top10', '베스트 그룹 여자', '올해의 신인', '올해의 베스트송' 총 4개 부분에서 수상했습니다.

이제 데뷔 1주년이
다가오는데요. 많은 분들이
이렇게 저희 음악을 사랑해 주셔서
감사드리고 더 열심히 하는
아이브 되겠습니다.

멤버들은 점점 높아지는 인기와 바쁜 스케줄 속에서도 연습을
게을리 하지 않고, 완성도 높은 무대를 위해 더욱 노력했습니다.

2022년 8월, 세 번째 싱글 앨범
<After LIKE>가 발매되었습니다.

<After LIKE>는 가을의 킬링 파트가 유명해지며 발매 2일 만에 판매 50만 장을 돌파했습니다. 이후 블랙핑크, 에스파에 이어 세 번째로 총 판매량 밀리언셀러를 달성했습니다.

바로

솔직한 거야~

가진 것을 모두 당당하게 선보이겠다는 포부처럼 아이브의 독보적인 컨셉을 계속 발전시킨 앨범은 팬들뿐만 아니라 대중들의 마음까지 사로잡았습니다.

우리가 받은 사랑에 보답할 시간이야. 최고의 무대를 보여 주자!

127

소셜 미디어 속 아이브

팬들의 전유물이었던 '자체 콘텐츠'가 최근 대중의 이목을 사로잡으며 또 다른 경쟁력으로 자리매김하고 있어요. 아이브의 매력을 마음껏 느낄 수 있는 자체 콘텐츠는 무엇이 있을까요?

하나 유튜브 채널 'IVE'

소속사 스타쉽엔터테인먼트에서 운영하는 공식 채널로 안무 연습 영상, 행사 비하인드, 공식 뮤직비디오 등을 볼 수 있어요. 그뿐만 아니라 소속사에서 제작한 자체 콘텐츠에서 아이브의 새로운 면모를 발견할 수 있지요. 흔히 '자컨'이라고 불리는 자체 콘텐츠는 무대 아래 일상적인 모습이나 편한 대화를 나누는 멤버들의 모습을 보여 주어 팬덤에서도 수요가 높은 편이에요. 최근 자체 콘텐츠는 기발한 콘셉트와 결합해 하나의 예능 프로그램처럼 구성해 새로운 팬들을 끌어들이는 중요한 유입 경로로 꼽혀요.

● **<IVE ON>**
제목처럼 아이브 멤버들의 공식 활동과 개인 활동 비하인드를 다뤄요. 컴백 때마다 앨범 녹음 과정, 뮤직비디오 촬영 과정 등 멤버들이 앨범마다 얼마나 열정을 가지고 열심히 준비했는지를 알 수 있어요.

● **<IVE OFF>**
주로 비활동기에 멤버들의 모습을 볼 수 있어요. 월드투어를 마치고 멤버들은 어떤 휴식을 취하는지, 아이돌 본업을 내려놓고 어떤 것을 좋아하는지 등등 멤버들의 개인적인 모습을 파악할 수 있지요.

● **<IVE LOG>**
주로 멤버들의 일상을 다루는 콘텐츠예요. 초반에는 멤버 개인의 일상을 다뤘다면, 최근에는 멤버 전원이 나오는 브이로그가 올라왔어요. 멤버간의 케미와 티키타카를 보는 재미가 있지요

● <1,2,3 IVE>

아이브 자체 콘텐츠 영상인 <1,2,3 IVE>는 현재 시즌 4까지 올라왔어요. 시즌 1은 아이브 멤버들이 데뷔를 앞두고 준비하는 과정을 다뤘어요. 특히 리더 안유진의 속마음과 서로를 생각하는 마음 등이 잘 나타나 리얼리티에 가까운 콘텐츠였지요. 시즌 2 이후부터는 예능 프로그램의 성격을 띠는 콘텐츠로 탈바꿈했어요. 멤버들끼리 파자마 파티, 캠핑, 베이킹 등 다양한 콘텐츠에 도전하며 그간 볼 수 없었던 아이브만의 매력을 뽐냈지요.

시즌 3 1화 에피소드 '나는 솔로지옥에서 환승해서 돌아온 좋아하면 징~울리는 우정 시그널 캐처', 시즌 4 4화 에피소드 '추적! 그것이 알고싶은 궁금한 꼬꼬미 크라임 수첩 탐사대' 등등 여러 유명 프로그램을 조합한 기발한 콘텐츠로 큰 인기를 끌었어요.

 따라해볼레이

스타쉽엔터테인먼트 산하 유튜브 콘텐츠 부서인 섭씨쉽도에서 기획 제작한 아이브 레이의 단독 웹 예능이에요. 현재 시즌 2까지 올라와 있는 이 콘텐츠는 아이브 멤버 레이의 유쾌한 입담과 예능감을 볼 수 있어요.

시즌 1에선 주로 인기가 많은 장소나 공방에 직접 방문해 레이가 체험해 보는 콘텐츠로 진행되었어요. 시즌 2부터는 맛집 탐방, 메이크업, MZ 신조어 등 유행하는 것들을 체험하며 레이만의 매력을 뽐내고 있어요.

 팬클럽 전용 콘텐츠

아이브 공식 팬덤인 DIVE(다이브)를 위한 전용 콘텐츠로 공식 팬 카페에서 시청할 수 있어요.

1기 <다이브닝>, 2기 <매거진 아이브>, 3기 <아이브 스카우트> 등 기수마다 제공되는 콘텐츠가 달라요. 어디서에서도 볼 수 없었던 멤버들의 진솔한 이야기를 들을 수 있는 콘텐츠예요.

7장

다이브 인투 아이브

"

다이브와 함께라면

어떤 도전도 두렵지 않아!

"

아이브는 데뷔 후 발표한 세 개의 싱글 모두 큰 성공을 거두며 소속사뿐만 아니라 K-POP 걸그룹 역사에 한 획을 그은 팀으로 자리매김했습니다.

2022년엔 신인상과 올해의 노래 부문 대상을 타며 한 해에 신인상과 대상을 동시에 수상한 최초의 아티스트라는 타이틀을 거머쥐었습니다.

뿐만 아니라 다양한 광고 촬영, 패션쇼, 예능 출연 등 바쁜 나날을 보냈습니다.

2023년 4월 10일, 아이브의 첫 번째 정규 앨범 <I've IVE>가 발매되었습니다. 내가 가는 길에 확신을 가지라는 주체적인 삶의 태도를 노래한 'I AM', 예측 불가능한 아이브의 다채로운 매력을 보여 주는 'Kitsch' 등 이번 앨범은 아이브의 독보적인 존재감을 드러내기에 충분했습니다.

'I AM' 활동 당시 레이는 건강상의 이유로 약 한 달 동안 활동을 쉬었습니다. 그간 레이가 'I AM' 앨범을 얼마나 성실히 준비했는지 아는 멤버들은 레이의 마음에 공감하며 위로를 건넸습니다.

2023년 10월 7일, 아이브의 첫 월드 투어가 시작되었습니다. 서울을 시작으로 총 19개국 27개 도시를 돌며 전 세계 팬들을 만날 예정이었지요.

2021년 데뷔 이후 2주년이 채 되지 않아 시작된 대규모 월드 투어. 이때 첫 번째 미니 앨범인 <I'VE MINE> 선공개를 앞두고 있어 더욱 큰 기대를 모았습니다.

첫 미니 앨범도, 앞으로 시작될 월드 투어도 걱정이야. 잘할 수 있을까?

에이, 언니! 걱정하지 마요. 우리에겐 다이브가 있잖아요.

절레 절레

아이브는 2023 멜론 뮤직 어워드에서 올해의 앨범상을 비롯해 TOP 10, 밀리언스 TOP 10까지 총 3관왕을 차지했습니다.

137

138

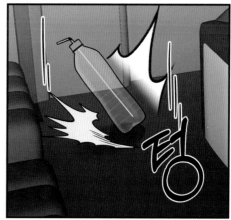

많이 피곤하지?

요즘 어떻게 하루가 가는지 모르겠어요.

내일도 대만 콘서트 끝나고 바로 파리로 가야 하잖아.

지금이라도 좀 자 둬.

그, 그렇죠.

끄르륵

피곤하지만,
지친 모습을
보여선 안 돼.

ㅎ느적..

대만 콘서트도
최선을 다했다.

이동 시간이 급하기도 하고,
안전사고를 우려해서
공항에서 카트를 준비해 줬어.
얼른 타고 출발하자.

아!
잠시만요!

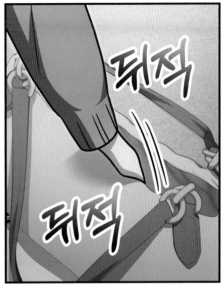

뒤적

뒤적

쓱

이렇게라도
해서 준비 시간을
줄여야 해요!

찰칵

찰칵

아이브 멤버들은 바쁜 스케줄로 잠 잘 시간조차 충분하지 않을 만큼 활동이 많았습니다. 그럼에도 자신을 기다리고 응원해 주는 팬들을 위해 항상 밝은 미소를 잃지 않았습니다.

아이브는 국내외 바쁜 일정을 소화하면서도 앨범 작업을 멈추지 않았습니다.

2024년 4월 29일, 아이브의 두 번째 미니 앨범 <IVE SWITCH>가 발매됐습니다. 창작 설화를 바탕으로 꾸민 '해야', 사랑을 마주한 치명적인 감정을 노래한 'Accendio'는 오로지 아이브만이 할 수 있는 장르라는 평을 듣기도 했습니다.

아이브는 두 번째 미니 앨범 <IVE SWITCH>로 4연속 밀리언셀러 달성하고, 2024년 5월 아이돌그룹 브랜드 평판 1위를 기록하며 변함없는 인기를 증명했습니다.

<IVE SWITCH> 활동을 성공적으로 마친 아이브는 해외 다이브들의 뜨거운 성원에 힘입어 공연 회차를 추가하며 전 세계 팬들과의 만남을 이어 갔습니다. 뿐만 아니라 '롤라팔루자 시카고', '서머소닉 2024' 등 글로벌 음악 페스티벌에 참여하는 것은 물론 일본 도쿄돔에서 월드 투어 앙코르 공연을 펼치며 글로벌 행보에 박차를 가했습니다.

자신들만의 정체성을 담은 노래와 퍼포먼스로 나날이 멋진 무대를 선보이는 아이브. 이제 더 큰 꿈을 이루기 위해 더 넓은 세계로 날아오를 것입니다.

생각해 보기

책을 다 읽은 뒤 내용을 되새기고
생각하는 시간도 필요합니다.
책에 대해 주변 사람들과
함께 이야기 나누면 더욱 좋아요!

GAEUL

가을

생일: 2002년 9월 24일	**혈액형**: B형
포지션: 래퍼	**MBTI**: ISTJ
별명: 가을선배, 폴끼	**주특기**: 랩, 댄스
나를 표현할 단어: 소나무, 맏언니	
좌우명: 행복한 만큼 불행하고, 불행한 만큼 행복하다.	

감성즈

레이 ✧✧

생일: 2004년 2월 3일	혈액형: A형
포지션: 래퍼, 보컬	MBTI: INFJ
별명: 김레이, 콩순이	주특기: 랩
나를 표현할 단어: 유니크	
좌우명: 초심을 잃지 말고 항상 겸손하게	

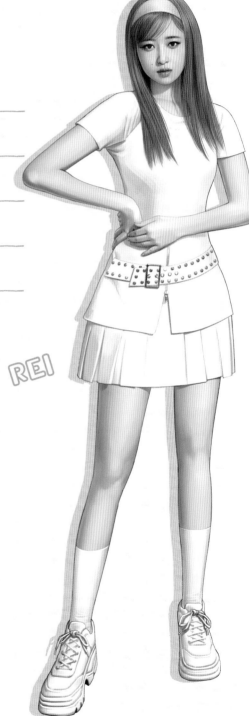

REI

안유진 ⊙◎

생일: 2003년 9월 1일   혈액형: A형

포지션: 리더   MBTI: ISTP

별명: 안댕댕   주특기: 노래, 춤, 카리스마

나를 표현할 단어: 카뿜리

좌우명: 내가 짱이다!

ANYUJIN

안녕즈

장원영 ♡♡

생일: 2004년 8월 31일 　　혈액형: O형

포지션: 보컬 　　　　　　　MBTI: E???

별명: 갓기, 원뇨, 넝토끼 　주특기: 언어

나를 표현할 단어: 대체불가!

좌우명: 하고 싶은 거 다 하기!

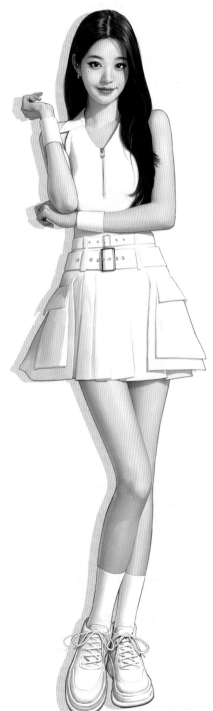

JANGWONYOUNG

이서 *eeeee*

생일: 2007년 2월 21일	혈액형: O형
포지션: 보컬	MBTI: ENFP
별명: 아기호랑이서, 막냉이(서)	주특기: 다양한 표정

나를 표현할 단어: SPARK

좌우명: I walk slowly, but I never walk backwards.

↳ 나는 천천히 걷지만 절대 뒤로 걷지 않는다.

LEESEO

리즈 ☆☆

LIZ

생일: 2004년 11월 21일   혈액형: AB형

포지션: 보컬   MBTI: INFP

별명: 치즈냥이, 울보냥이   주특기: 어디로 튈지 모름

나를 표현할 단어: 음색요정

좌우명: 휩쓸리지 말자!

꿈을 향한 한걸음

데뷔에 대한 확신이 없는 상황에도 많은 아이돌 연습생들이 화려한 무대 위에 설 날을 기대하며 매일 연습을 게을리 하지 않아요. 아이브 멤버들은 연습생 시절 회사에서 정한 커리큘럼 소화는 물론 본인만의 목표와 계획을 구체적으로 계획하며 자신의 꿈을 이룰 준비를 해 왔지요.

나의 꿈은 무엇인가요? 자유롭게 표현해 보세요.

꿈을 이루기 위해선 어떤 준비가 필요할까요? 장기적으로 어떤 것을 이루고 싶은지,
그러기 위해서 내가 해야 하는 습관이나 지켜야 할 것들을 자유롭게 써 보세요.

이루고 싶은 꿈	
꿈을 이루기 위해 해야 할 습관	

원영적 사고 해 보기

아이브 멤버 장원영은 자신에게 일어나는 모든 사건이 긍정적인 결과로 나타날 거란 확신을 가지고 있어요. 이런 사고를 '원영적 사고'라고 부르지요. 어떤 힘든 일이 생겼다면 상황을 인지하고 결과나 과정을 긍정적으로 받아들이는 거예요. 오늘부터 장원영을 따라 긍정적인 사고를 해 보는 건 어떨까요?

대표적인 원영적 사고를 알아 보아요.

빵집에서 빵을 사러 간 원영. 하지만 사려고 했던 빵을 이미 앞사람이 다 사 간 상황	
원영적 사고	앞사람이 빵을 다 사 간 덕분에 갓 나온 빵을 사게 됐잖아! 역시 행운의 여신은 내 편이야!
아이브 멤버들과 게임하는 중 열심히 참여했지만 꼴등을 한 상황	
원영적 사고	오예! 뒤에서 1등이다! 럭키비키잖아!

아래의 상황을 보고 원영적 사고로 어떻게 생각하면 좋을지 써 보세요.

비 오는 날, 우산이 없어 새로 샀지만 비가 그친 상황
원영적 사고

5분 뒤 버스 도착, 갑자기 타야 하는 버스가 오고 있어 열심히 뛰었지만 버스를 놓친 상황
원영적 사고

수학 시험 보는 줄 알고 전날 밤새 공부했는데 국어 시험날인 상황
원영적 사고

독후 활동 3

아이브 자체 제작 콘텐츠 만들어 보기

바야흐로 K-POP 아이돌 시대! 대다수의 아이돌들은 유튜브 채널을 이용해 소소한 일상을 담은 리얼리티나 예능, 비하인드 등 자체 콘텐츠를 제작해요. 이를 통해 팬들의 유입을 돕고 팬심을 탄탄하게 만들지요. 브이로그 형식뿐만 아니라 게임, 공포 체험, 추리물 등 다양한 장르의 콘텐츠가 생성되고 있어요.

내가 아이브 유튜브 채널 PD라면 어떤 콘텐츠를 만들고 싶은지 써 보세요.

아이브 자체 제작 콘텐츠 기획서	
장소	
출연자	
장르	
프로그램 구성	

완성된 자체 제작 콘텐츠를 유튜브에 올려야 해요.

그때 사용할 썸네일을 자유롭게 표현해 보세요.

who? 스페셜

아이브

초판 1쇄 발행 2024년 10월 23일
초판 4쇄 발행 2025년 1월 15일

글 조약돌 **그림** 백재이 **표지화** 신춘성

펴낸이 김선식
펴낸곳 다산북스

부사장 김은영
어린이사업부총괄이사 이유남
책임편집 강푸른 **책임마케터** 김희연
어린이콘텐츠사업1팀장 박정민 **어린이콘텐츠사업1팀** 김은지 박세미 강푸른
어린이마케팅본부장 최민용 **어린이마케팅1팀** 안호성 이예주 김희연
편집관리팀 조세현 김호주 백설희 **저작권팀** 성민경 이슬 윤제희 **기획마케팅팀** 류승은 박상준
재무관리팀 하미선 임혜정 이슬기 김주영 오지수
인사총무팀 강미숙 이정환 김혜진 황종원
제작관리팀 이소현 김소영 김진경 최완규 이지우
물류관리팀 김형기 김선진 주정훈 한유현 양문현 채원석 박재연 이준희 이민운
외부스태프 디자인 황아름

출판등록 2005년 12월 23일 제313-2005-00277호
주소 경기도 파주시 회동길 490
전화 02-704-1724 **팩스** 02-703-2219
다산어린이 카페 cafe.naver.com/dasankids **다산어린이 블로그** blog.naver.com/stdasan
종이 스마일몬스터 **인쇄** 상지사 **코팅 및 후가공** 평창피엔지 **제본** 상지사

ISBN 979-11-306-5787-5 14990

품명: 도서 | **제조자명:** 다산북스
제조국명: 대한민국 | **전화번호:** 02)704-1724
주소: 경기도 파주시 회동길 490
제조년월: 판권 별도 표기 | **사용연령:** 8세 이상

※ KC마크는 이 제품이 공통안전기준에 적합하였음을 의미합니다.

who? 한국사

초등 역사 공부의 첫 단추! '인물'을 알아야 시대가 보인다

● 선사·삼국 ● 남북국 ● 고려 ● 조선

※ who? 한국사(전 47권) | 대상 초등학교 전 학년 | 책 크기 188×255 | 각 권 페이지 190쪽 내외

who? 인물 중국사

인물로 배우는 최고의 역사 이야기

※ who? 인물 중국사 (전 30권) | 대상 초등학교 전 학년 | 책 크기 188×255 | 각 권 페이지 190쪽 내외

who? 아티스트

최고의 명작을 탄생시킨 아티스트들을 만나다

● 문화·예술·언론·스포츠

※ who? 아티스트(전 40권) | 대상 초등학교 전 학년 | 책 크기 188×255 | 각 권 페이지 190쪽 내외

who? 인물 사이언스

기술로 세상을 발전시킨 과학자들의 이야기

※ who? 인물 사이언스 (전 40권) | 대상 초등학교 전 학년 | 책 크기 188×255 | 각 권 페이지 180쪽 내외

who? 세계 인물

세상을 바꾼 위대한 인물들의 이야기

※ who? 세계 인물 (전 40권) | 대상 초등학교 전 학년 | 책 크기 188×255 | 각 권 페이지 180쪽 내외

who? 스페셜 · K-pop

아이들이 가장 만나고 싶고, 닮고 싶은 현대 인물 이야기

※ who? 스페셜 · K-pop | 대상 초등학교 전 학년 | 책 크기 188×255 | 각 권 페이지 190쪽 내외